KB103264

푸른 내음을 기다리며

푸른 내음을 기다리며

발 행 | 2023년 02월 15일
저 자 | 결운
펴낸이 | 한건희
펴낸곳 | 주식회사 부크크
출판사등록 | 2014.07.15.(제2014-16호)
주 소 | 서울특별시 금천구 가산디지털1로 119 SK트윈타워 A동 305호
전 화 | 1670-8316
이메일 | info@bookk.co.kr

ISBN | 979-11-410-1616-6

www.bookk.co.kr

사랑하는 우리 집 고양이 다이노에게

푸른 내음을 기다리며

결운

목차

<1부>

<2부>

<3부>

1부

푸른 내음을 기다리며

가을은 시린 쓸쓸함을 지닌 계절
진중한 동경과 연민을 안겨주어
조용히 나의 외로움을 달랜다

구름 한 점 없이 맑게 갠 하늘
그 순결함을 담은 액자 사이로 고개를 내밀고
얼굴에 추운 바람을 맞이한다

가을 공기가 품은 푸른 내음은
코끝을 찌르듯 시리게 감싸고는
마른 폐부 속을 돌아 새로이 나를 채운다

여름이 가혹한 더위로 날 따돌리며
따가운 햇빛과 하늘로 묵직이 짓누를 때
나는 곧 올 쓸쓸함을 기다린다

차갑지만 다사로울 가을의 미소를 바라며
갑갑함 속에 다시금 푸른 내음을 떠올려본다

아까시나무

파릇파릇하게 자란 나무 잎사귀들 속
피어난 몽글몽글한 구름

죄 없는 구름이 품은 향기
코를 찌르지 않은 그 은은한 봄 향기가
나를 부드럽게 둘러싼다

퍼뜨린 눈물의 응축,
그 차가운 자리를 대신해
울음에 지쳐 고단한 새벽 속 푸른 봄 향기

나를 짙은 녹음으로 물들여 줄
봄의 마지막

부끄러움

부러웠네
나는 할 수 없는 것들을
바닷속 힘찬 물고기처럼 해내던 당신이

부러웠네
나는 두려움 속 떨던 것들을
어항 속 안전한 물고기처럼 할 수 있던 당신이

이젠 부끄럽네
그 험한 물살과 잔혹한 어둠 속 고통을
가늠할 줄 몰랐던 어린 내가

이젠 부끄럽네
당신이 헤엄치던 어항도 실은
턱없이 비좁았다는 것을 몰랐던 내가

감각

똑같은 일상 속
또 다른 감각
태엽에 감겨 지나가는 시간 속
태어나는 어설픈 감정

쳇바퀴를 벗어나고픈 작은 발버둥,
옅지만 강하게 스쳐 지나가는 바람

어느 오전

눈을 뜰 때

무겁지 않은 두 눈꺼풀
살포시 내려앉아 유유한 공기
책상 위 보이지 않는 잡다한 종잇조각들
멍하니 허연 천장을 바라보며 흘려보내는 시간

가장 평범한 오전의 풍경
허나 가장 평범하지 않던
씁쓸한 어느 오전

일기예보

당신의 날씨는 지금 어떤가요
내가 감히 예측할 수가 없네요
나의 날씨도 어떤지 모르는 내가
어찌 일기예보를 할 수 있을까요

흐림과 약간의 맑음이 섞이고
종종 번개가 치고 비가 내려
견딜 수 없는 이 변덕스러운 날씨에
누가 우산을 씌워주길 바라네요

꼭 화창하지 않아도 좋으니
부디 내일 당신의 날씨를 예보할 수 있기를

낡은 마음

나의 마음은 낡았습니다

신선하고픈 마음을 눈앞에 두곤
계속해서 전으로 흘러갑니다

헐거워진 마음을 기우기만 하여
이젠 더는 쓸 수조차 없게 되었습니다

부디 이런 나에게 마음을 주세요
맑은 물 위에 띄운 돛단배가 나아갈 수 있는
푸르고 청초한 마음을

천둥

그 울음을 삼키는 일이 얼마나 고되었는가?

쏟아지는 장맛비 같은 눈물방울에도
앞을 가릴 정도로 번뜩이는 번개에도
숨죽이며
입술 사이로 새어 나오려는 울음을
애써 도로 밀어 넣으며,
그대의 슬픔을 내비치지 않으려는 일이
얼마나 고되었는가?

모두가 당신을 등지고 떠나갈 때,
뒤늦게야 목 놓아 엉엉 울어야 했던 그 설움이
그대에겐 얼마나 고된 일이었는가 ……

삭월의 늪

달 위로 저 그림자 눅진하게 드리울 때
숨 막히는 새벽빛을 과묵하게 토해내며
이리 온, 이리 오거라 하며 내 손을 잡아끌 때

가을 하늘

파아란 내 하늘 위엔
허연 구름 한 점도,
저 멀리 날아가는 작은 새 한 마리도 없이
나는 씁쓸하게 시린 바람만 얼굴에 부딪는다

외로움을 달래주듯 바람은
살랑살랑 내 머리카락 헤집고
불그스름하니 차게 얼어붙은 두 볼을 간지럽힌다

아득하고 공허한 내 하늘 아래엔
들판 위 갈대들이 한들거리는구나

이만 고개를 돌리고는
너붓너붓 흔들리는 갈대들을 한아름 안아
내 품에 가득 담는다

너희들은 이토록 가까이 있었구나
줄곧 올려다보기만 했던 두 눈의 시울은
괜스레 붉어져 뒤를 돌아보게 한다

파아란 내 하늘 위엔
허연 구름 한 점도,
눈부시도록 밝은 해도 없지만
나는 바람을 몰아 드넓은 갈대밭 위를 힘차게 내달린다

겨울

계절의 한기에 반응하듯 팽팽하게 당겨진 전깃줄들이 파란 하늘 위에 걸려있었다. 태초부터 같이 만들어진 피조물인 것처럼, 캔버스에 그려져 지워지지 않는 그림인 양 풍경이 하나가 되어 눈앞에 아른거리고 있었다. 달리는 버스의 차창으로 보이는 풍경과 동시에 차창이 열린 틈으로 새어 들어오는, 익숙하면서도 아무의 손길도 닿지 않아 산뜻한 공기가 내게 말해주고 있었다. 겨울이라고.

그 계절이 되면 사람들은 비슷한 입 모양을 지었다. '겨울 냄새가 난다'라고. 고작 숨을 들이마실 뿐이면서 사람들은 그 숨에 시리고 따뜻한 기억을 불어넣었다. 잊을 수 없는 그 아린 상처가 추운 계절에 쉬는 숨의 갈고리에 걸려 수면 위로 끌어올려진 탓일까. 사람들은 숨을 쉬면서 생각만 해도 웃음이 번져 나오는 추억을, 아니면 아직도 흉터가 고스란히 남은 그 메마른 심장에 다시금 생채기를 내는 아픈 기억을 떠올렸을까. 스스로 던진 그 질문을 여러

번 되뇐 후에야 나는 깨달았다. 그 기억을 고작 두 형태로 정형할 수나 있을까.

해

내 생은 자그마한 노력의 조각마저
저 자욱한 운무에 가려 보이질 않는데

부연 하늘 가운데 덩그러니 남아 홀로 발하는
저 붉은 띠를 두른 해가 왜인지

외로워 보여서,
너무나 외로워 보여서

달

아침 7시에 떠 있는 달이 있었다. 하얀 달이 아직 눈부시지 않은 해의 영역에 몰래 잠식해 있었다. 떠나야 할 것을 알면서도 버티기라도 하는 듯, 파란 하늘 위에 아직 빛나고 있는 달 하나가 절 좀 봐달라며 외치고 있었다. 그 시각, 영역의 주인이 직접 발하는 빛을 몰래 가져다 쓰면서 속으로 애태우고 있었다. 그럼에도 저물어가는 달은 하늘과의 경계가 점차 흐려져 마침내 스며들 것처럼 보였다. 애석하게도 사람들은 아무 관심이 없었다. 해가 떠오를 때는 그리도 감탄하면서, 그들 주변을 빙빙 도는 것 따위엔 마냥 시큰둥했다. 빛나되 빛나지 않던 그 달은, 밝은 고요 속에 홀로 월몰을 낳으며 사라지고 있었다.

시차

아주 멀리 있는 너보다 나는 한나절 더 빠른 삶을 살고
있다. 아직 오전인 너의 시간을 보며 밤에 나는 생각한다.
우습게도 부러워하면서 그 시간으로 돌아가고 싶다며
투덜거리면서도 네가 어디에 있든 내가 어디에 있든
결국에는 모두 같은 삶이었다는 것을

유성우

내 하늘 위로 짙은 어둠 드리우고
총총히 박힌 기억들 속 아픔이
흐르는 별의 비 되어
나의 작은 옹달샘 안에
하나
둘
퐁당 떨어질 때

나는 찬찬히 고개를 들어
물속의 못난 별들을 마주한다

군데군데 흠집 나고 패였으나
임 향한 기억 속 아픔마저 찬란하구나

허나 이젠 모두 떠나보내고
추억만 하늘 위에 수놓으려니
붉어진 눈시울의 황혼에 별들은
도르륵 도르륵 뺨 타고 흘러간다

작별의 아쉬움에도 언젠가 다시 찾아올
임의 별들을 그리며, 입꼬리 절로 휘어지니
별들도 기쁜 마음에 포물선 그리며
휘영한 하늘 가득 유성우로 채워간다

눈길

나에게 드리운 그대 눈길 위로 소복이 쌓인
그 하얀 눈들이
너무나 고요히 내리는 나머지,
마치 지구의 자전이 들리지 않는 것처럼
이 눈들에 담긴 목숨 끊을 설움을 나만
몰라봐 주는 것일까
하염없이 초조해하면서 초조해하면서,
발자국 하나 없는 눈길 위에 발을 디디고 나서야

뒤늦게 그것이 작두날 같은 살얼음을 고운 눈으로 뿌려준
그대의 마지막 베풂이었음을 깨달으면서.

케케묵은 새것들

회색빛 먼지 쌓인 저 구석의 책장 한편,
아무 손길 닿지 않아 정갈하게 꽂힌 저 책들이
낡지 못한 슬픔에 반짝거린다

옮겨지지 못해 햇볕에 바래야만 하는 지식들이
오도 가도 못하고 말없이 구원을 기다리고 있다

2부

서두

그것은 단순한 충돌이었다
한 작은 돌멩이가 물아래로 가라앉으며
잔잔히 일으키는 파문이었다

나비의 날갯짓이 불러온 폭풍을 아는가?
그렇다.
그저 날갯짓 한 번이었을 뿐이다
그 얇은 종잇장 같은 것이
우스꽝스럽게 팔락이는 꼴에
우리는 모두 당하고 만 것이다.

바다

난잡한 그대의 바다.

일렁이는 파도와 춤추는 소용돌이에서
공포가 아닌 감정의 전율이란
생각의 물고기를 뭍으로 낚아챈 것만큼
짜릿한 것이리라

시시각각으로 변하는 저 수평선 너머
아른거리는 그대의 풍경이 환영일지라도
어찌나 아름다운지,
그저 더 깊은 물속
쪽빛 아래로
끌어주길 바라며

힘없이
사로잡히는 것이리라

재생

암흑 속 나타가 말을 걸었다
달콤하게 더럽혀진 입술로 조용히
내게 친근하게 속삭였다

나는 나타를 밀치곤 일어섰다
수년 넘게 속절없던 속박은
흐느적거리며 쓰러지는 그의 모습에 무색해졌다

여전히 어두운 밤
싸늘한 온기 대신 새어 나온
살아 숨 쉬는 찬바람

밤하늘 해 대신 총총히 박힌 별들에
올려다본 나의 두 눈도 되살아나 빛나고 있었다

손을 모아 재생의 기도를 올렸다
상처에 맺힌 핏방울이 꽃으로 피어나기를
지새운 하루하루 뒤에 봄이 오기를 ……

삼일절

백여 년 전 봄이 시작되는 날
산에,
들에,
거리로 나아가 누구 하나 가릴 것 없이
목 터져라 조국을 노래하던
역사에 붉은 피로 새겨진 그날
천구백십구년 삼월 일일,
이름하여 삼일절

수천만 명의 끓어오르는 마음을 품에 안고
펼쳐진 서른세 명의 엄숙한 선언식

겨눠진 폭력의 탄환보다 더
강인했던 심장의 박동

그릇된 태양을 덧칠한 밤의 먹물,
손에 쥐고 드높이 휘날리며
부르짖은 그 여섯 글자

대한 독립 만세

유성

공백의 미끈거리는 화이트보드 위
차게 식은 손에 유성 마카를 쥐고 칠한,
억지스레 우겨대자면 나의 밤하늘이오

출렁거리는 잉크는
칠해진 거뭇한 밤 위를 거듭 가로질러
암흑 속 쓸쓸한 별들이 서로를 밀어내려 부딪치듯
하얗게, 검게, 다시 하얗게 ……
흐르고 흐른다

무미건조한 나를 지우면서,
동시에 채우면서
유성우가 되어 흐른다

달빛

구름에 숨어 해의 빛을 머금은 달아
해어진 상처의 울퉁불퉁한 그 자국을
부끄러이 여기지 않아도 좋다

해 저물어버린 밤의 진실한 염원 담은
둥글지 못해 고요히 작은 세상 주위를 돌던
그 모습을 오래도록 간직하거라

어둠에 굻지 않은 채
목이 쉰 앳된 소녀의 웃음을
평온한 자장가로 달래어 비추어주는
희붓한 새벽의 호롱불아.

무색의 총상

방울방울
떨어진
초라한 옷 위 눈물 자국은
감정에 입은 무색의 총상이라
맛보지 않아 그대의 울음 속엔 짠맛이 담겼는지
무엇이 그리 분하였는지,
무엇이 그리 서글펐는지,
그것 또한 아니라면
너무나 투명하여 그대의 속을 들여다볼 수가 없네

가을 해가 뉘엿거리고
또 설이(雪異)가 내려
그만 오그라진 총상은
더 이상 다려줄 수조차 없으니 ……

새벽이슬

빙그르르 돌아 다시 제자리걸음
으레 찾아와 창을 밝힐 해님에 이끌려 가는
저 무정한 시곗바늘이 너무나 미워져,
저도 모르게 두 눈을 부릅뜨고 밤을 지새운 적이 있었다

아무리 이불로 몸을 칭칭 감아도
추운 마음은 데워지지 못한 채
제 심장은
어슴푸레 빛나는 그믐달
그 끝에 걸린 채로,
차게 식어가도 모른 체 숨죽여 울기만 하던 적이 있었다

그러다 푸르스름한 먼동의 향기가
고요히 방 안으로 밀려오면,
새벽 풀에 맺힌 이슬은
뒤척이다 겨우 잠든 나의 울색한 눈물.

태양

멀어져만 간다
중심에 서 정열적으로 타오르는 그대
주위를 수없이 공전해도 나의 궤도는 쳇바퀴
가모프의 빅뱅이론은 원망할 새도 없이
범할 수 없는 자연을 남몰래 염오하곤
점점 더 멀어져만 간다

볼품없는 손 뻗으면 그대의 열기에
나는 금방에라도 녹아
우주의 먼지에서 이제는
존재한 적 없는 존재가 되어,
무로 수렴한다
눈멀 듯 부시던 그대가 더 이상
암흑에 물들어 보이지 않을 정도로

노을과 공상

노을이 흠뻑 물든 저녁
위에 수 놓인,
꿈꾸는 아이의 보드라운 이불 같은 구름들

아, 저무는 해의 황혼은
만물의 빛깔을 아우른다 해도
저리 찬연하게 타오를 수 있는 것일까

아직은 느슨한 전깃줄
그 위에 살포시 앉은 어스름한 초승달
후덥지근하지 않은 산뜻한 바람

초여름의 선홍빛 풍경을 바라보며
이 완벽 속의 작은 혼란이 너무나 소중하다.

조금은 기울어져 도는 지구와
조금은 기울어져 주위를 도는 달과
조금은 기울어져 지구를 따라 도는
너와 나.

어느 길고양이의 인사

강렬히 내리쬐는 햇살만큼
따가웠던 아이들의 시선 위로,
넌
삐뚤빼뚤한 선을 하나 그어주었지
아이들의 무심한 발길질에도
꿋꿋이 허리를 곧추세우던
그 작은 샛노란 민들레 하나까지
네 울퉁불퉁한 선에 전부 담겼어

운동장의 거친 모랫바닥에
네가 나뭇가지로 그은 선은
구름의 울음에도 씻겨나가지 않아

네가 품에서 꺼내 준 따뜻한 밥과,
잔뜩 젖은 머리와 손은 제쳐두고
내게 온기를 내어 준 손과,
그리고, 그리고 ……

전부 새하얀 민들레 홀씨가 되어
살랑살랑 부는 바람의 입김 타고
모든 아이들의 추운 마음에 살포시 닿아
선을 그리는 법을 알려주었으니 말이야.

재회

운명적인 재회란
한낱 로맨스 영화 속 따분한 연출일까,
아니면 아직 경험해보지 못한
내 작은 숫자의 탓일까

익숙해져 가는 도롯가의 나무들,
이름표라도 달아놓은 듯 비슷한 풍경의 내음.
머지않아 추억이 되어버릴 현재의 장면 속에서
나는 이미 추억이 되어버린 옛 친구를 만난다

밥은 먹었니, 라는 상투적 물음에
반갑지만 미처 내색 않고
응, 하고 대답하고 마는
어릴 적 처음 날려보던 무른 종이비행기처럼
추억은 녹슬어 금방 시시해지고 만다

바쁘게 스쳐 지나가는 두 발자국만이
오래간만의 재회를 맴돌다 기어이 바닥으로 스민다.

찬란한 너울의 울음

바다를 찾는 덴 별 이유가 없었다
단지 푸르스름한 빛을 띤
바닷물이 철썩, 철썩
스스로를 부딪쳐 대며
울어주었기 때문이다

이름 모를 힘에 끌려와 휩쓸고 가는 것들 사이엔
못난 돌멩이, 비릿한 조개껍질
그리고 엉킬 대로 엉켜버린
쓸모없는 생각들

그래,
어디에도 닿지 못한 채 맘속을 맴도는
그 못난 메아리까지
자신의 짠 울음으로 뒤덮으며
나보고 울지 말라고 울지 말라고
잔잔히 요동치며,
햇빛에 찬란하게 넘실대는 너울.

그 애달픈 눈물자욱이
차마 눈에 잊히지 않아서
자꾸만 바다를 향해 고개를 드는 것이다
저도 이름 모를 힘에 끌려가
바닷물과 함께 휩쓸려 가는 것이다

안주

저들이 젖은 날개를 털며 분주할 때
난 좁은 고치 안에 나를 옭아맨 채
평온히 꿈을 꾼다

바깥세상은 천적들 뿐인데
영롱한 빛깔 날개 펼쳐봐야 날갯짓 한 번 할까
정체(停滯)를 유인하는 그 달콤한 미끼를
나는 또 꼴깍 삼키며 고개를 끄덕인다

끝끝내 안주하던 그 못난 번데기는
잘난 꿈 한번 펼쳐보지 못하고
배도 못 흔들고 눈을 감았다

가라앉는 거센 발버둥

수면에 반사된 희끄무레한 달빛이라도 잡고파
차가운 물살 속, 억척스레 손으로 헤집는다

…… 아아,
본래 바다는 생명을 품은 만물의 보금자리 아니던가
암흑색 밤빛에 언제 나 몰래 잠식되셨는가
밤물결은 우리들의 거센 발버둥과
어느 심장 뛰는 벌레에게도 전해지지 못한 채
울부짖던 목소리를 전부 휩쓸어가 놓고서,
무슨 일 있었냐는 듯
해저로 고요히 침잠해버리신다.

물결에 살랑살랑 헤엄치는 은색 지느러미는
과연 신의 은총을 받았는가
아니면, 아니면
땅에 고단한 두 발 붙이고 서 있고자 하는
우리들의 간절한 발버둥이
그토록 못 미더워 가라앉도록 하신 것인가.

무더위의 기억

두꺼운 달력 종이 한 장 한 장 뜯어내고
마침내 배불뚝이 숫자 보일 때
문 두드리고 찾아온 여름의 무더위

굳게 닫힌 철문,
불청객을 내몰아 쫓으려 하는
빙빙 돌아가는 실외기의 열기 오른 불평과
문전박대의 설움 아는 듯
갑갑한 방충망에 붙어
맴, 맴 울어대는 매미들

가을, 겨울 봄 돌아 찾아오기 마련이나
우리는 언제부터 섭리를 거스르려 하는가
때맞춰 걸어와 준 반가운 무더위를
문 활짝 열고 맞이하며 함께 평상에 앉아
선선한 바람 맞으며,
큼지막하게 자른 수박 조각 나눠 들며
오싹한 이야기로 서늘한 웃음꽃 피우던 그 시절

그 무더위의 기억
불쑥 찾아온 불청객이라는 이름 대신
한 해 돌고 돌아 만난,
오래간만의 손님이라 다시 명명하고픈
한여름 햇살만큼 강렬한 추억.

바람과 나의 몸

높다란 파란 하늘과
자꾸만 작아지는 나의 몸
부풀리려 애써봐도
허연 구름 몰고 오는 거센 바람에 휩쓸려
꽈당, 가엾은 낙엽처럼
나동그라지고 만다

산들대는 바람,
저들은 맞으며 웃고만 있는데
어째서 나에게만 이토록 한겨울인지
매서운 바람, 구멍 송송 뚫린 가슴은
계절을 원망하다 이내 다시
먼지 같은 나의 몸을 탓하고 만다

사랑에 빠졌다

설렘이 뱃속을 마구 헤집다 목 끝까지 차올라 넘실거린다. 흘러넘치려는 이 남분한 감정에 어쩔 줄 몰라 두 손으로 겨우 입을 틀어막는다. 붉어지는 얼굴에 열 손가락도 활짝 펼쳐 얼굴도 애써 가린다. 이내 설렘의 너울 잠잠해지고 수면 위 아무 미동 없을 때 그제야 주먹을 그러쥔다. 감히 주객전도를 범한 제 육체를 못 탓하고 그대를 미워하여 발만 동동 구르니 이 맘 알아줄 이 몇이나 될까.

가을

나무들이 푸른 옷 무성히 내비칠 적
너울너울 춤을 추는 바람
햇볕은 가파른 산등성이 타고 내려와,
가지마다 붉은 입맞춤 남기곤
파아란 하늘 환히 비추며 잠에 든다.

올려다본 잔잔한 풍경 따라
한층 고요해진 마음
텅 비어 쓸쓸해질세라, 바람에 한들거리는 나뭇잎 들고
이내 우리들의 품속으로 스미는 가을.

단풍

내 숨결이 곧 화풍이오.
주위가 어둑해질 즈음,
하늘이 온통 붉은 황혼으로 물들을 때가
가장 찬란한 법이라오.
해는 달뜬 숨을 뱉고는 유유히 산들 사이로 넘어가고,
하늘은 마구 일렁이며 차가운 달빛이 당도할 때만을
기다리고 있소.

해가 발걸음을 재촉하고
한기가 나무껍질 곳곳으로 스밀 무렵
나도 그를 따라 달뜬 숨을 뱉소.
가지 끝에 매달려 바싹 마른 나뭇잎들이
봄여름 가실 적에 외롭지 말라고
내 불어넣은 숨결 따라 빨갛게, 노랗게 ……
울긋불긋 물들어
황천길 노잣돈 삼아 바람 타고 사뿐히 내려앉소.

숨이 멎을 즘이면
단풍 옷을 입은 산은
지나가는 사람마다 바스락거리며 자취 남기고
언젠가 올 흰 눈만을 기다리며
유유히 잠에 들고 있소

그림자는 빛이 오기 전 울음을 터뜨렸나

내가 서 있다.
드넓은 들판 한가운데
그림자도 없이,
내가 외로이 서 있다.

차게 식은 시간은 발치에 가라앉아
키 작은 풀들이 복숭아뼈를 간지럽히도록
고요히 불어오는 푸른 바람.

회색빛 구름 이내 고갤 숙이며
길을 내어줄 때,
마침내 열린 하늘에서 내린
세찬 바람 몰고 온 강렬한 빛줄기를
나 홀로 온몸으로 맞이한다.

문득 나는 고뇌한다.
내 두 발꿈치에 붙어 일렁이는 시커먼 그림자는
저만치 높은 진리가 내게 도달하기까지
수풀에 숨은 풀벌레처럼 울어댔는지를

빛이 닿기 전 마주할 수 없다면
나의 서글픈 이면의 풀벌레는
태어나 우는 기쁨을 만끽했는지를.

첫사랑

죽을병에 걸렸나,
조막만 한 심장이 꼬물거리는 소리가
쿵, 쿵 하고
귓바퀴를 거세게 두드린다.
얼굴은 홍역을 앓아 잔뜩 열꽃이 피던
그 어린 시절처럼 화끈 달아올라
아무래도 금방 나을 병은 아닌가 보다.

내 두 눈은 네 뒤통수를 뚫어져라 ……
네가 뒤돌아 나를 바라보면
난 언제 그랬냐는 듯
나와 다르게 푸르른 저 먼 산을 바라보고

담담한 발걸음으로 다가온 네가
내게 말을 툭 건네면
난 말을 갓 시작한 어린아이처럼
웅얼웅얼 더듬거리다
화장실이 급한 척 꽁무니를 뺀다.

쉬는 시간 아이들이 재잘거리면
시시하다며 성질내곤 했던
유치하기 짝없는 사랑 이야기들.
입에 넣으면 녹아 사라져 버릴 솜사탕처럼
허무맹랑한 그 사랑놀이에
오늘따라 난 모른다, 하고 두 눈 질끈 감으며
푹 빠져버리고 싶다.

3부

새 해

놓아라
그간 묵은 응어리와 말뚝에 매인 바람들
한 해 사람들의 눈물로 짜디짠 바닷물에
두둥실 띄워 흘려보내거라
저무는 해가 붉은 화염에 삼켜 줄 테니

이내 조심스레 걸음해 고개를 내민
생채기 많은 저 달
새 해님을 맞이하기 위해 몸을 금빛으로 칠하니
남루한 차림의 바다를 끌어당기곤
눈물 자국 하나 없이 정갈하게 씻겨 돌려놓는다

마지막 밤이 가시곤 새 해가 올라오시니
하얀 눈은 수줍게 몸을 녹이고
갈매기들은 행차를 알리듯 끼룩끼룩 울어댄다

이웃고 마주 본 간절한 두 손을 비추며
너그럽게 떠오른 새 해
무수한 생명들이 고개를 숙이곤 합장한다
부디 올해에도 무탈히 순항하시기를 ……

끝과 시작의 경계에서

고요한 어느 밤
눈을 감고 그날의 나는 죽었다
하루의 번뇌와 피로를 이불에 묻은 채로
나는 어린 시절 꿈을 꾸었다

지평선 아래 유유히 흐르는 노을을 보며
저문 해의 끝자락 아래가 텅 비어있을까 겁내던
그 어리석은 시절이 무색하게도
해의 끝자락에는 원체 아래가 없었다

심성이 모나지 않은 탓이다
지구가 둥글어 위태로이 서 있는 지평선을
부둥켜 안은 탓이다

해는 그저 눈을 감고
나의 반대편에서 꿈을 꾸며
새로이 태어날 아침을 기다리고 있었다

이질적 낭만의 밤

해가 가기 전
발이 닿는 대로 걷다 마주한
으리으리한 건물의 5성급 호텔에서
여유로운 투숙객들의 발걸음 사이를 비집고
웃으며 카드를 내밀었다

호기심 가득 순진무구한 자아를 묵살하며 걷다
객실에 들어와 여유는 제쳐두고
어린아이마냥 침대 위를 방방 뛰었다
잔뜩 해져 바람 송송 들어오던 이불은 잊히고
갓 빨아 향긋한 내음 폴폴 풍기며 바스락거리는 이불을
목 끝까지 덮고는 고단한 삶처럼 나를 묵직이 짓눌렀다

그 널찍한 객실,
네 식구가 자기에도 충분할 그 호화스러운 침대 위에서
나는 새우처럼 몸을 웅크렸다

텔레비전엔 잔잔한 재즈를 틀어놓고
커피머신에서 뽑은 커피 세 잔을
위장이 뒤틀리도록 연신 음미하며
전자 벽난로의 이글거리는 불꽃을 멍하니 바라보던
그 허무맹랑한 낭만

본래 삶에 위화감을 불어넣는 그 이질적인 낭만을 나는
당장 찢어발기고 싶었다
장대한 바다를 처음 마주한 그 작은 새우에게
연민의 눈물을 흘리며 나는
당장 그곳에서 뛰어내리고 싶었다

녹지 않을 눈

하얀 눈 내리던 날
흙모래에 덮인 눈길을 뛰어다니던
천진난만한 아이들의 웃음소리는
씽, 씽 포장도로를 질주하는 자동차들에 묻히고
가난과 온기로 가득하던 허름한 시골은
균일히 찍어낸 유리블록 건물들로 빼곡히 채워졌다

눈길엔 바삐 오가는 사람들의 무정함만이 찍힌 채
동심으로 빚어낸 눈사람은 처절히 부서졌다

녹지 않을 눈;
아무런 다정한 손길도 닿지 않은 채 그대로
꽁꽁 얼어붙을 옥상 위의 눈

도시의 고층 건물 한구석에서 내려다본 그 외로운 눈을
어린아이처럼 달려가 맨손으로 가득 움켜쥐고 싶었다
얼음장 같은 자들의 마음을 품에 안고 녹여주고 싶었다

달

나와 네가 멀리 떨어져 있음에도
쉽사리 두려워하지 않았던 까닭은
네가 내 주위를 공전하기 때문이었을까

막무가내로 널 잡아끌었던 나를
보채는 어린아이 달래듯 느린 속도로 떨어지며
나에게 추락하지도,
영영 멀어지지도 않았다

마냥 설렘으로 들뜨던 그 순간 하나하나엔
나에게 상처 하나 날까 속으로 전전긍긍하며
배려가 묵직이 침잠한 그 넓은 마음으로
조심스레 나를 보듬어 준 작은 네가 있었다

언젠가 네 사랑을 모방해 우주로 날린 위성이
다시 내게로 곤두박질치며 낸 상처를 보면서

결코 무심하다 느꼈던 네 모습엔 늘
날 향한 다정한 눈빛과
사랑하기 위해 감내한 고통의 멍자국이 찍혀 있었다

달리는 기차의 캔버스에서

시린 초봄의 새벽, 해가 막 기지개를 켤 즈음
몇 안 되는 생필품과 옷가지들을 담은
낡은 갈색 짐가방을 끌고
이국의 땅에 정차한 기차에 홀가분히 올라탔다

덜컹거리며 달리는 기차가 제친
그 어슴푸레한 풍경들을 칠한 캔버스들,
벽면에 걸린 그 투명한 액자에 머리를 기대곤
너무 빨라 들리지 않을 새들의 울음소릴 자장가 삼아
고단함 속 빠져든 쪽잠

이윽고 눈꺼풀을 간지럽히는 햇빛에
눈을 슬며시 뜨고 바라본 캔버스엔
낯선 풍경임에도 향수를 자극하던
희고 노란 들꽃들 수 놓인 들판

기차의 연기에 뒤로 밀려나면서도
여전히 싱그럽게 웃던 그 들판을
마주 보며 나는 왜인지 코끝이 아렸다

억만장자가 온다 한들 소장하지 못할
순간의 자연이 칠한 그 캔버스를
바라보며 나는
고여 번들거리는 눈물에 담았다

Viva La Vida

이레 중 닷새
오늘을 바치고 지친 몸을
집 가는 길 열차에 실은 사람들
해마저 고된 하루에 눈을 붙이러 떠난
추운 계절, 저마다 목도리와 외투로 싸매고
비좁은 열차 칸 북적이는 인파에 섞여
힘겹게 두드리는 애정 섞인 문자들

씁쓸한 소주 냄새와 긴장 서린 지독한 향수 냄새
잔뜩 뒤엉킨 채로 내쉬는 한숨에
후덥지근한 열기를 싣고 열차는 달린다

옛적 가슴 한편을 시큰하게 하던,
달리는 지하철 문 앞에 기대
꾸벅꾸벅 졸고 있는 청년의 귀에서
남몰래 울려 퍼지는 비바 라 비다

웅장하나 호젓한 반주를 들으며
속으로 조용히 외친다
오늘도 살아내 곧 다가올 내일을 기약하는
힘찬 승리주 건배사

Viva La Vida!
브라보, 나의 인생!

성숙

불현듯 세상에 내동댕이쳐진 몸뚱이로
삶의 연유와 진리란 무엇인가,
바락바락 울부짖다 지쳐 올려다본 하늘엔
전지전능한 신 대신 자리한 허공뿐이었다

모두가 제멋대로 비쭉비쭉 솟는 곳에서
곧은 길이란 얼마나 어리석은 길인가
프로펠러 같은 단풍나무 씨앗처럼
나만이 외롭게 혼란 속을 뒹굴다
이젠 나의 영토에 뿌리를 내리려 한다

무수한 나무들이 생과 사를 거친 땅 사이,
한 구석에 살포시 씨앗을 심고
제 몸뚱이보다 기다란 뿌리를 뻗어
검은 흙을 단단히 그러쥐었다

봄여름 지나 늦가을 되어서야
꽃 대신 울긋불긋 단풍 물들이며
삶의 진리에 드리운 안개도 이내 걷혔다
속세의 풍파 속에 분연히 피어난 한 그루
나무는 아담하나 실은 장대했음을

훗날 내 몸뚱이를 베러 올 사람들에겐
키를 묻거든 뿌리의 길이를 답하리라

무정한 시대의 이별

나이 지긋한 장인이 한 땀 한 땀 빚은 게 아닌
정 없는 팝콘 기계에 갓 넣은 강냉이 수십 알처럼
파박, 소리 내며 튀겨 나온
나보다 몇 살은 더 먹은 우리 언니

혼이 깃들지 않았다 해도
우리 집에선 전부 한 가족이라고
그녀의 하얀 보닛을 쓰다듬을 때면
다른 자동차들의 매섭게 치켜올린 눈매와 달리
온순한 얼굴로 서글서글한 웃음을 짓곤 했었지

그러나 달려가는 시대의 무정함이란
차마 떼어지지 못했던 옛사람의 진득한 온정도
단숨에 짓밟고 갈 매몰찬 바람

털털거리는 소리와 함께 시름시름 앓다
허연 연기를 내뿜으며 견인차에 끌려가던
쓸쓸한 그녀의 마지막 뒷모습

그 뒷모습에 하릴없이 손만 흔들던 것은
어쩌면 사용기한 끝난 상품과 소비자의
그저 속절없는 이별이었던 탓이다

물

강물은 갈래갈래 깨뜨려진 채
이리저리 흐르고 흘러간 바다,
잔잔한 수면 위 반짝이는 비늘 같은 윤슬에
내가 보고 있는 것은 진정
순결한 백조의 우아한 헤엄이려나

별안간 거세진 물살에 머리를 처박고
우연히 마주한 백조의 검은 두 발은
대륙 사이 힘없이 끼어버린 물의 외침을
묵살하듯 마구 휘저었다

잔에 담기면 담기는 대로
문득 흘리면 흘리는 대로,
타의에 굴복하며 소리를 도로 머금고는
물은 가엾은 제 성질만을 답습한 뿐

그 미욱한 물은 숨죽여 눈물 흘리다
매서운 바람에 갈래갈래 깨뜨려진 채
바다로 이리저리 흐르고 흘러갔더랬다.

우울에게 전하며

내 작은 심장 속
찰랑거리는 우울이란
이미 꼬인 실타래 같은 붉고 푸른 혈관들을
비집고 온몸을 장악한 걷잡을 수 없는 너울

우울은 수용성이라곤 하는데
내 우울은 기름으로 이루어져 있는지
어디에도 섞이지 못하고 둥둥 뜨기만 한다

그런 쓸쓸한 우울이 안쓰러워 보인 탓일까,
몸이라는 추운 병실에 입원한 환자를 나는
때론 내 작은 두 눈물샘을 열어
바깥 구경을 시켜주곤 했고
때론 타인의 더운 심장 조각이라도 얻어
온유함을 느끼게 해 주고 싶었다

그렇게 언젠가는 갑갑한 환자복을 벗고
푸른 강으로 흘러가 다른 이들과 어울리며

나 언제나 지켜보고 있으매
웃으며 손 한번 흔들어 줬으면 하는
작은 나의 바람이었다

어느 시인의 시집에 안겨

어느 자수성가의 거창한 조언도
나를 질책하고 유혹하는
매끄러운 표지의 자기 계발서도
아닌 담담한 시인의
손바닥만 한 시집 하나가
요란한 도심 속 나를 무릎 꿇린다

백 년도 채 지나지 않은
과거 스물아홉의 푸르른 나이에
영원히 시들지 않을 한 송이 꽃,
자신의 유골을 거름 삼아
청초하게 피었다

꽃잎 하나하나엔 청청한 하늘이 적셔
바람에 스치울 때마다
꽃은 함초롬하니 고갤 끄덕이곤
금빛 꽃가루로 수놓은 별자리들

도심의 부연 안개에도 굴하지 않고
발하는 그 별들을 올려다보며, 나는
지저분한 속세의 허울을 딛고
때 묻지 않은 시집의 글자들 속에 포근히 안겼다

녹슨 기계

설계도의 오류인 탓일까
산다는 것이란 반복 작업에 지쳐
녹슬어버린 기계가 된 탓일까

뭐가 그리 급한지
발목에 죽음의 그림자를 달고도 모른 채,
석양 져 가는 신기루를 향해
바삐 달려가는 이들과

그릇된 심보로
사람들의 발길 채는 곳에
가시를 콕콕 심어놓는 이들과

하릴없이 그들을
바르게 설계된 한낱 일개미로 보는
나는 일할 다리도
곧게 뻗은 더듬이도 없다

그럼에도 불구하고

추운 공기에 박혀
일찍이 비쩍 말라죽은
어린 나뭇잎들

놀자, 어서 놀자고
낮게 속삭이며
굵은 손마디로 간지럽히는 바람에
아이 유령들은 까르르까르르 웃으며 내려와,
서로 나 잡아봐라 데굴데굴
개구쟁이처럼 마른 흙바닥을 구르다
바람의 손길에 떠밀려 저 멀리 사라졌다

그렇게 죽은 자식들 전부
바람이 하나 둘 몰아
천국으로 데려간다면

냉혹한 겨울도 끝이 나고
저 수척한 나무에게도
봄은 다시 오겠지.

부동의 동자 마리오네트

우리는 모두
파리한 몸뚱이 위에
절그럭거리는 양철통 달고

소금기 담뿍 머금은 절임 속
푹 파묻힌 것들

위대한 아리스토텔레스도
차마 못 예견할
무력한 부동의 동자 마리오네트처럼

우리는 모두
텅 빈 머릴 처박고
예속된 기계에 따라 관절을 삐걱대는 것들

아이

하얀 하늘 아래 추운 길
바삐 걸어가던 걸음 위의 외투 위로
갓 태어난 눈결정이 사뿐히 앉았다

새끼손톱보다 작은 저 아이마저
신은 정성스레 조각하셨나

온통 얼어붙은 세상 속
멈춘 심장을 지닌 채 살던 자도
제 핏덩이 같은 아이의 온기에 금세 녹아
물끄러미 외투 위만을 바라보고 있었다

추위에 언 손을 뻗어
쓰다듬으려던 순간,
눈결정은 지레 겁먹고 울음을 터뜨리며
녹아 자취를 감췄다

저렇게 작은 것도 세상에 태어나
투명한 몸으로 살다 가는데
지금 둥근 땅 딛고 있는
모두가 언젠가 사라질지언정
제 몸뚱아릴 함부로 쓰기를
신은 바라지 않으셨겠지.

철없을지언정

어릴 적 내 작은 세상
하늘 위 수 놓인 하얀 별들

십여 년이 흘러도
은은히 발광하던
그 유치한 야광별 스티커처럼
순수에 반짝이는 것들만을 보고 싶다

팔다리가 쑥쑥 길어져도
내 작은 그릇만은 여전하여
저 달의 거방진 그림자 속
사람들의 한숨을 담지 않을 수 있다면

대신 어린 별들을 가득 채워
온실 속 철없는 구절초로 살아갈지언정
평생토록 하얀 꽃잎만을 피우고 싶다

척박한 건물들의 숲

시대에 허옇게 바랜 하늘
부유하는 암운 위 넘보는 높다란 통유리 건물들과
검은 포장도로 굴러가는 굳은 얼굴의 자동차들과
매캐한 먼지 뒤집어쓴 가로수들

척박한 건물들의 숲,
앙상한 나뭇가지 사이를 가로지르는
요란한 정보의 전선 위 까마귀들은
울지도 날지도 않는다

어느 날 구름이 무너져내려
굵은 빗줄기가 숲의 오물을 전부 쓸어간다면

숲에도 고요한 아침이 찾아와
건물들은 하늘에 걸린 무지갤 품고
신성한 성당의 스테인드글라스처럼
오색찬란한 봄을 피워낼 것이다

여행의 끝에서

기어이 올 이 여행의 끝에서
사흘의 여유가 주어진다면

사흘 전
이 세상에 남아있고픈
아픈 여행객들에게
내 육체의 조각들을 선물하고

이틀 전
가본 적 없는
낯선 이국땅에도
흥겹게 발자국을 남기고

하루 전
식탁 위로 올라올 때면
허겁지겁 집어먹곤 했던
새빨간 딸기의 신맛을
그윽이 음미하며 눈을 감을 것이다

남은 육체는 불에 태워
바다에 곱게 흩뿌려지고
대신 나의 시집이 무덤에 묻힌다면

죽은 것은 썩어 없어지고
나의 시만이 구천을 떠돌다 갈 것이다

회고록

열다섯, 열여섯, 열일곱 ……
그리고 열여덟.

질풍노도의 시기인 십 대에 나는 몇 년째 멈춰만 있었다. 주변 사람들이 하나, 둘 떠나가고 각자 놓인 활주로를 따라 달릴 때 나만 발이 묶이기라도 한 듯 자리를 빙빙 맴돌며 허연 비행운을 쫓고 있었다.

귓가를 스쳐 지나가는 선생님들의 따분한 목소리, 그리고 어느 날 문득 용기를 내어 잡았다 이내 내동댕이치고 만 샤프와 두꺼운 교과서들. 어른은 영영 오지 않을 나이인 것처럼 나는 늘 주어진 것들을 피해 눈만 도르륵 굴리고 있었다.

무의미한 시간의 연속과 텅 비어 공허한 눈동자들. 언제부터 이런 생활을 답습해왔는지조차 종잡을 수 없어 그저 한심하게 웃고만 있는 나를 수수방관할 뿐이었다.

면학실, 학업의 몰두에 칼날처럼 차갑고 고요한 그 공간에서 나는 나 자신을 포기했다는 그 사실을 일탈 삼아 하루하루 스릴을 즐겼다. 감독 선생님들의 무심함과 어딘가 허술한 교칙들이 자아낸 줄 위에서 아슬아슬한 줄타기를 이어나가는 동시에, 어차피 안 될 거 시작조차 무의미할 것이라는 그 멍청한 속삭임에 이유 모를 안정을 느끼며 스스로 옥죄었다.

나갈 수 없던 감옥.

매일 교실과 면학실을 오가며,

바삐 살아가는 학생들을 관망하기만 하던 그곳.

이질적인 존재는 나뿐이라는 생각에 자퇴와 자살을 곱씹고 자책의 눈물을 참으려 아랫입술을 잘근 씹어대던 그날들.

스스로 잊지 못할 상처를 내던 그때,

성적을 잘 받는 학생이 아닌 *꿈을 꾸는* 학생이 지독하게도 부러웠던 십 대의 나. 그리고 여전히 조금의 십 대를 남겨둔 현재의 나 ……

그런 나는 기도했다.

푸른 하늘을 보며 동경이 아닌 아름다움에 대한 감탄을 내뱉을 수 있는 그 웃음기 가득할 날이 언젠가 오리라고.

작가의 말

이 책이 시집인지라 나를 작가라고 칭해도 되는지는 잘 모르겠다. 그러나 내가 등단한 시인도 아니니 아마 작가라고 칭하는 쪽이 더 맞을 것이다.

아무쪼록 시집을 냈다! 내가! 드디어!

솔직히 죽을 때까지 내가 시집을 낼 수 있을 거라 생각하지 않았고, 그저 누가 꿈이 뭐냐고 하면 '시집 출판하는 것'이라고 말할 뿐이었는데, 이게 현실이 될 줄은 몰랐다. 비록 거금을 들이는 자비출판도 아니고, 내 시집이 나오면 사고 싶다고 했던 사람들에게만 이 시집이 팔리겠지만 …… (이 작가의 말도 시집을 산 사람 중에 일부만 읽을 것이라고 본다) 어쨌든 나로서는 내 버킷리스트를 하나 채운 셈이니 굉장히 뿌듯한 일이다. 나도 내가 이렇게 실행력 있는 사람인 줄 몰랐다.

사실 시라는 것은 나에게 복잡한 감정들을 배출하기 위한 일종의 도구일 뿐이었다. 그래서 쓰기 시작했던 거였고,

이 시집을 읽어봐도 알겠지만 내가 우울감을 해소하기 위해 썼다는 것을 알 수 있는 우울한 내용의 시들이 정말 많다. (그렇기에 이 시집에 들어가지 않은 우울한 시들도 꽤 많은데, 그것들은 정말 감정 쓰레기에 불과하기에 넣지 않았다.) 알고 보니 시 쓰기는 내가 단순히 징징거리며 쓰기에는 굉장히 고급스러운 일이었고, 그만큼 나도 시집을 내기 위해 머리를 쥐어뜯으며 퇴고를 거듭해야 했었다. 그저 멋들어지게만 쓰면 되는 줄 알았던 중3 시절의 나는 그런 허접한 방식으로 시를 써 커뮤니티에 올리는 족족 욕을 먹었다. 주로 '몇살이냐', '초딩이나 중2병 걸린 애 같다'라는 말들 위주였다. 지금 만약 그런 말들을 들었다면 아마 나는 시 쓰기를 관뒀을 텐데, 그땐 정말 글쓰기를 사랑했던 건지, 아니면 별 생각이 없었던 건지는 몰라도 나름 꾸준히 썼다.

그렇게 커뮤니티에서 시를 올리기 시작한 이래로 처음 칭찬을 받았던 시가 바로 <푸른 내음을 기다리며>였다. 아직도 그 시를 썼던 때가 생각난다. 역시나 한창 우울해하던 시기였는데, 밤늦게 윤동주의 <쉽게 쓰여진 시>를 공부하다가 무슨 바람이 들어서였는지 가을 특유의 씁쓸하고 차가운 냄새가 너무 그리워져 곧바로 글쓰기 앱을 켜고 시를 써 내려갔다. (당시 5월이었다) 지금 생각해보면 아마 그 시가 윤동주 시인의 영향을 받지 않았을까 싶은데 …… 아무튼 그렇게 다 쓴 시를 커뮤니티에 올린 후 눈을 질끈 감고 댓

글을 조심스레 확인했을 때, 놀랍게도 욕이나 조롱 대신 칭찬이 있었다. 처음으로 받은 칭찬이 무작정 기뻤다기보단, 먼저 든 생각은 '내가 드디어 실력이 성장한 걸까?'였다. 구제불능인 줄 알았는데 뭐가 되긴 되는구나. 앞으로도 계속 써야지. 나 글쓰기 진짜 좋아하네 ……

그런 특별한 의미를 가진 시로써 <푸른 내음을 기다리며>는 당당히 내 시집의 대표 시 자리에 올랐다. 이러한 계기 말고도 여전히 지금의 나는 '푸른 내음'을 기다리고 있기에 이 시가 대표 시로 적합하다고 생각했던 것도 있다.

이렇게 시집 제목에 대한 나름의 비하인드 스토리가 있었다. 지금까지 시를 쓰면서 때론 다른 사람들의 필력에 좌절하기도, 언제나 찾아오는 지독한 우울감에 잠겨있기도 했지만 (사실 현재진행형이다! 난 아직 청소년이니깐) 그때마다 가장 큰 힘을 줬던 건 글쓰기였던 것 같다. 놀랍게도 나란 사람에게도 팬이 있기도 하고 말이다! 같은 시를 돌려보면서 힘들 때마다 위로받았다는 장문의 글을 처음 받고 얼마나 감격스러웠는지 모른다. (내가 이런 사람들 덕에 산다) 지금도 꾸준히 찾아와 시 더 쓴 거 없냐고 찾아오는 게 밥 달라는 아기새 같고 너무 귀엽다. 사람이란 게 언제 죽을진 모르지만 그때까지 내가 살아있어야 하는 이유의 가장 큰 지분을 차지하는 것은 아무래도 글쓰기일 것이다.

그렇게 누군가의 감정과 생각은 형태 그 자체이자 도구로

써의 시로 전달되고, 그 시를 읽고 생각을 전달받은 여러 사람 중 누군가는 또 다른 시인이 될 것이다. (등단해야만 시인이지 않냐고 따질 수 있겠으나 나는 시를 쓰는 모든 사람을 시인이라 칭할 수 있다고 생각하는 편이다.) 감동받은 사람은 그 감동을 또 다른 누군가에게 전하고 싶은 법이니까. 사실 그 정도로 내 시에 대한 거창한 소망을 갖고 있는 것은 아니기에, (그 정도 실력이 아니기도 하고) 그저 내가 누군가에게 위로를 줄 수 있는 존재라면 그것으로 만족한다. 한낱 고등학생일 뿐이지만 그래도 시만큼은 삶에 있어 진심으로 애정한 한 사람의 얇은 시집이 누군가의 마음에 닿길 바라며 …… 언어로 된 종이배에 이만 나의 질풍노도를 흘려보낸다.

모두 행복하기를!